LES EDITIONS LIBERTAIRES

collection paroles

Collection animée par
Franck Thiriot

La **collection "Paroles"** veut mettre en synergie des œuvres fortes d'artistes avec des citations de résistants et de résistantes à l'oppression, d'aujourd'hui comme de toujours.

LES EDITIONS LIBERTAIRES

PAROLES
DE MURS ATHÉNIENS

YANNIS YOULOUNTAS

Αφιερωμένο στους Δημήτρη, Βαγγέλη, Μίμη, Γιώργο, Κώστα...
και όλους αυτούς που δεν τα παρατάνε.

à Dimitris, Vangelis, Mimi, Giorgos, Kostas...
et toutes celles et ceux qui ne baissent pas les bras.

« ΕΛΑΤΕ ΓΡΗΓΟΡΑ! ΣΚΟΤΩΣΑΝ ΕΝΑ ΠΑΙΔΙ! ΣΚΟΤΩΣΑΝ ΤΟΝ ΑΛΕΞΗ! VENEZ TOUS, VITE ! ILS ONT TUÉ UN ENFANT ! ILS ONT TUÉ ALEXIS ! » Des dizaines de personnes courent dans les rues aux abords de la place Exarcheia. Il est environ 21h10, ce samedi 6 décembre 2008. Un garde spécial de la police vient de tirer sur un jeune de quinze ans, au terme d'une banale altercation, comme il y en a régulièrement au bas du quartier étudiant d'Athènes réputé pour ses innombrables imprimeries, sa créativité artistique et ses espaces politiques et culturels autogérés. La foule grandit en quelques minutes. Les riverains affluent, rejoints par des centaines de militants anti-autoritaires prévenus aux quatre coins d'Athènes. Les policiers prennent peur et reculent jusqu'à l'avenue Panepistemiou, derrière l'École Polytechnique, sous la menace populaire. C'est le geste de trop, pour tout le monde : ultime violence d'un pouvoir politique et financier qui se croit tout permis. La colère, contenue jusque-là, explose. L'heure de la révolte a sonné. Vers 23h, ils sont plus de dix mille au cœur d'Exarcheia. Un campement s'organise sur la place historique. On rassemble des palettes pour faire un grand feu durant la nuit. Chaises et fauteuils descendent dans la rue. On se parle, on se questionne, on ne dort plus. Plusieurs groupes anarchistes s'installent à Polytechnique et à la Fac d'Économie. Des communistes à la Fac de Droit. Dans les heures qui suivent, le commissariat de police est attaqué, plusieurs dizaines de banques et de commerces de luxe brûlés, et des centaines de graffitis inscrits sur les murs d'Athènes. Durant le seul mois de décembre 2008, plus de 300 banques sont incendiées ou saccagées, de même que le ministère de l'économie, détruit par deux fois.

Trois ans plus tard, à l'aube de 2012, les lobbies financiers ont pris leur revanche. Bien aidés en cela par une classe politique corrompue et aux ordres, ils ont mis à genoux et étranglé l'économie grecque, et envoyé un message menaçant et autoritaire à tous les peuples d'Europe.

La Grèce était le pays où le taux de suicide était le plus bas sur le continent, avec une qualité de vie qui faisait la réputation des Grecs. Ce taux a doublé en moins de deux ans. Les retraites et les salaires ont été diminués du jour au lendemain de plus de 25% et parfois jusqu'à 60%. La misère frappe désormais toutes les familles. Les hôpitaux sont obligés de refuser un quart des entrées, fautes de moyens. La prostitution s'étend aux étudiantes et, de plus en plus, aux femmes mariées. Des cas d'évanouissement d'enfants dus à la faim sont signalés dans plusieurs écoles du pays, alors que les cantines ferment les unes après les autres. Les grèves, souvent générales, et les manifestations se multiplient. La colère gronde à nouveau, plus que jamais. Les gouvernements s'écroulent les uns après les autres, comme des châteaux de cartes, faisant place, depuis novembre 2011, à une incroyable union gouvernementale réunissant la gauche socialiste, la droite et quatre ministres d'extrême droite sous l'égide d'un banquier proclamé premier ministre. Les masques tombent. Le brouillard électoral se dissipe lentement, faisant place à la rumeur. Celle d'une insurrection inéluctable, désirée jusque dans les rangs des souverainistes autrefois impassibles. Les murs d'Athènes pénètrent la pensée populaire, à l'inverse de la presse vendue aux lobbies qui peine de plus en plus à trouver des lecteurs à la fois crédules et disposant d'un peu de monnaie. Au centre d'Athènes, on lit son contre-journal chaque matin, en arpentant les rues, d'affiches en graffitis et de slogans en poèmes.

Déjà, en 1973, on pouvait lire autour de l'École Polytechnique : ***« Vous écrivez dans nos têtes, nous écrivons sur vos murs !»***. Quelques mois plus tard, le régime des Colonels s'écroulait sous la pression d'une population revigorée par un intense désir de changement.

Ce qui se déroule aujourd'hui en Grèce est la répétition générale d'un spectacle tragique porté à s'étendre partout en Europe. La résistance hellénique est la ligne de front d'une menace qui nous concerne tous. Il y a trois-quarts de siècle, dans une Europe déjà en crise politique, économique et sociale, rares sont ceux qui avaient prêté l'oreille sinon la main aux espagnols en lutte pour une société radicalement différente et un monde à réinventer. Quelques mois plus tard, après avoir laissé s'éteindre ce vent nouveau venu du Sud-Ouest, la multitude des sourds et des lâches avait été balayée par une même peste mortifère.

Que ferons-nous cette fois du vent nouveau qui nous vient du Sud-Est ? Que ferons-nous de cette lutte et de ces utopies ? La Grèce est notre passé. Elle est aussi notre avenir.

Y.Y.

« Si l'on veut trouver
certains aspects vivants
de la Grèce antique,
il ne faut pas les chercher
dans les monuments,
ni même dans les lieux,
mais dans telle façon
d'être ou de vivre. »

JACQUES LACARRIÈRE

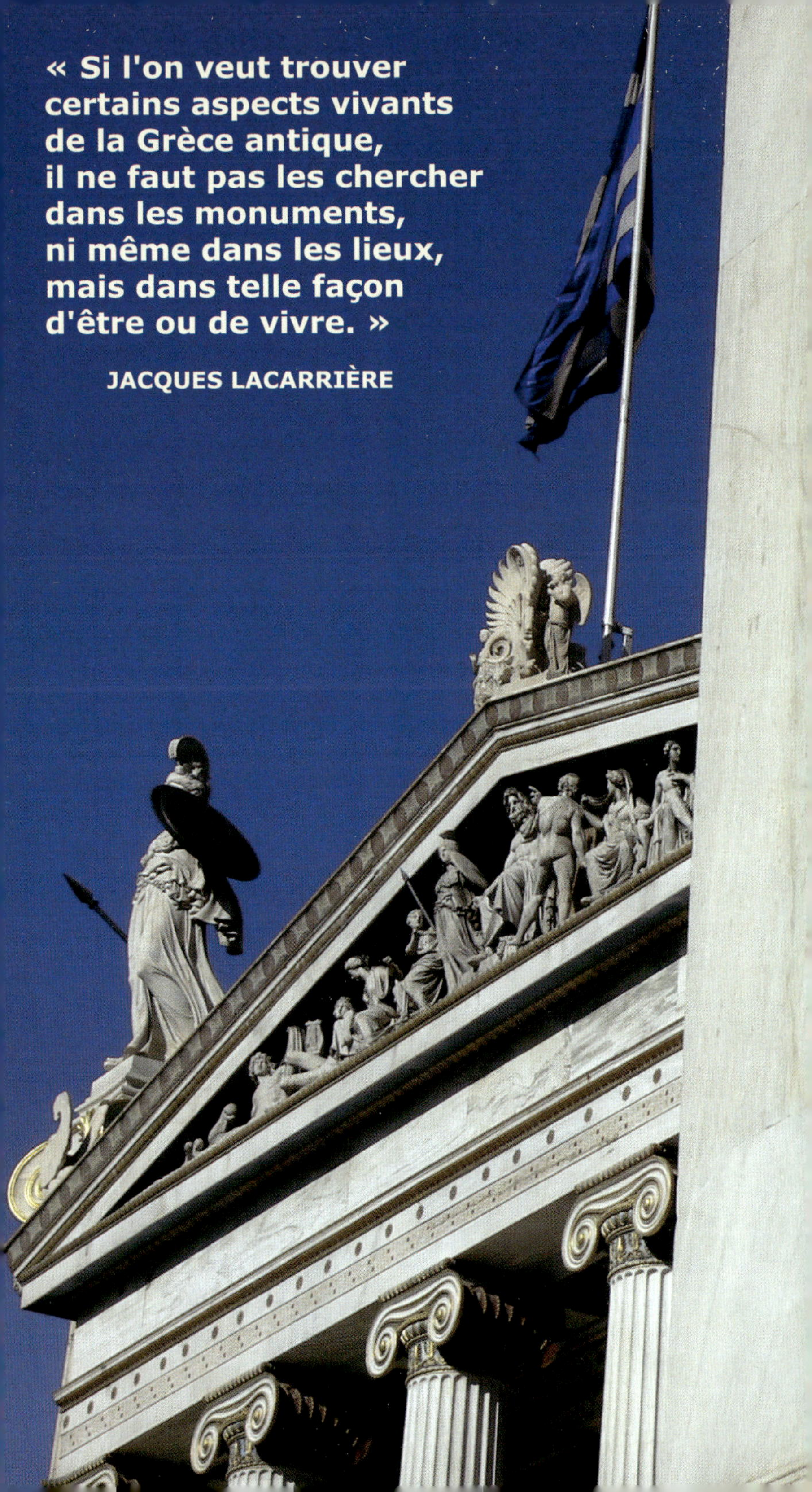

[AUCUNE EXPULSION DE COMBATTANTS
LIBERTÉ AUX CAPTURÉS DE DÉCEMBRE]

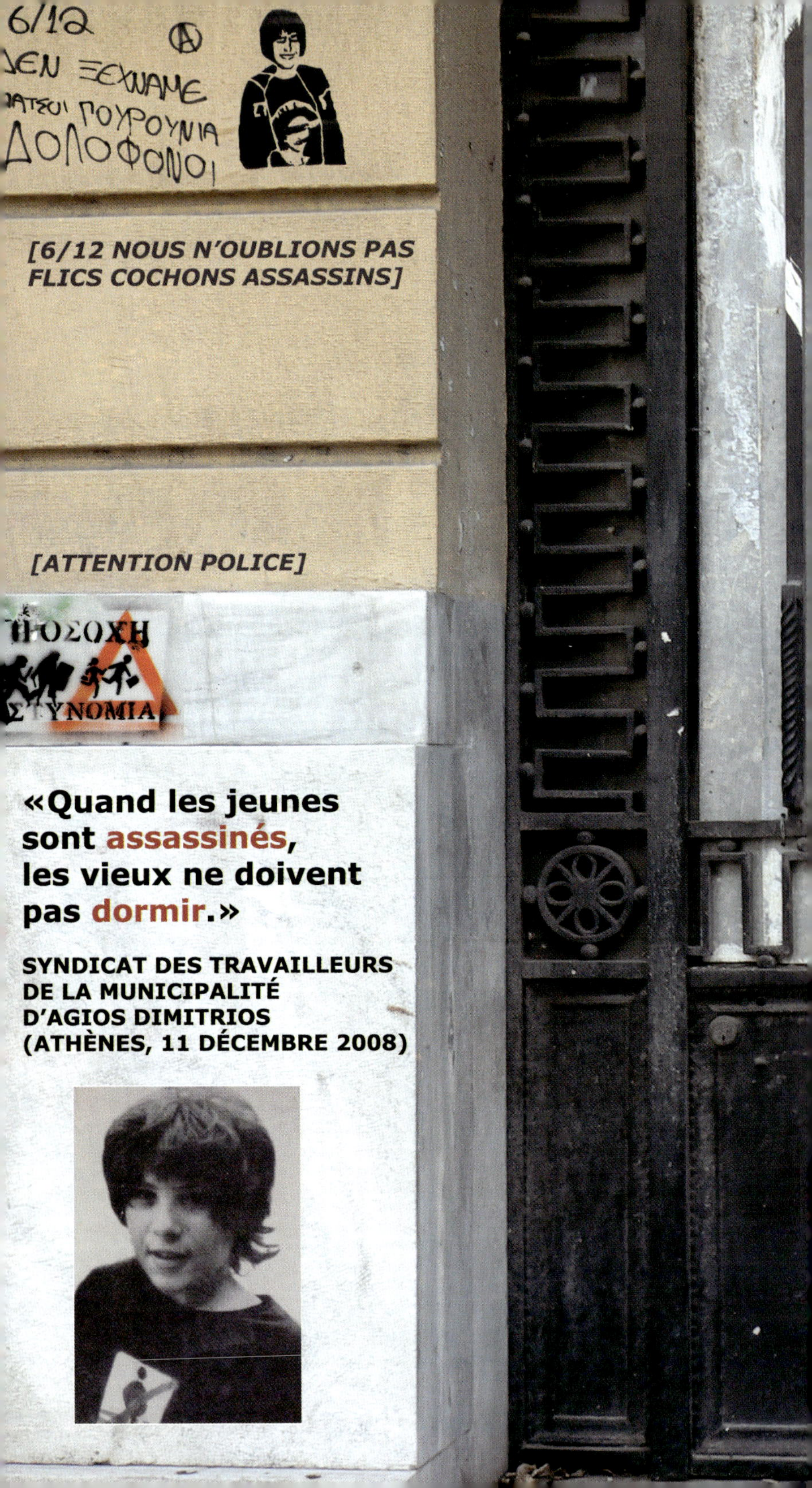

[6/12 NOUS N'OUBLIONS PAS FLICS COCHONS ASSASSINS]

[ATTENTION POLICE]

«Quand les jeunes sont assassinés, les vieux ne doivent pas dormir.»

SYNDICAT DES TRAVAILLEURS DE LA MUNICIPALITÉ D'AGIOS DIMITRIOS (ATHÈNES, 11 DÉCEMBRE 2008)

« Le silence
est toujours
agenouillé.
Chaque mot
est un départ. »

YANNIS RITSOS

« Donnez du pouvoir
à un vers de terre,
il deviendra
un serpent. »

**PROVERBE
PÉRUVIEN**

« Nous aurons du pain doré comme les filles sous le soleil d'or. »

LÉO FERRÉ

[GRÈVE SAUVAGE]
Α ΤΟΝ ΚΟΛΑΣΜΕΝΟΝ
[SOLIDARITÉ AVEC LE COMBAT
DES DAMNÉS]

« Il y a ceux qui mangent les dattes et ceux sur lesquels on jette les noyaux »

PROVERBE ÉGYPTIEN

[GRÂCE À L'ARGENT ! NOUS AVONS DIEU !]

[FEU
AUX
BANQUES]

« Il n'y a ni justice
ni liberté possibles
lorsque l'argent
est roi. »

ALBERT CAMUS

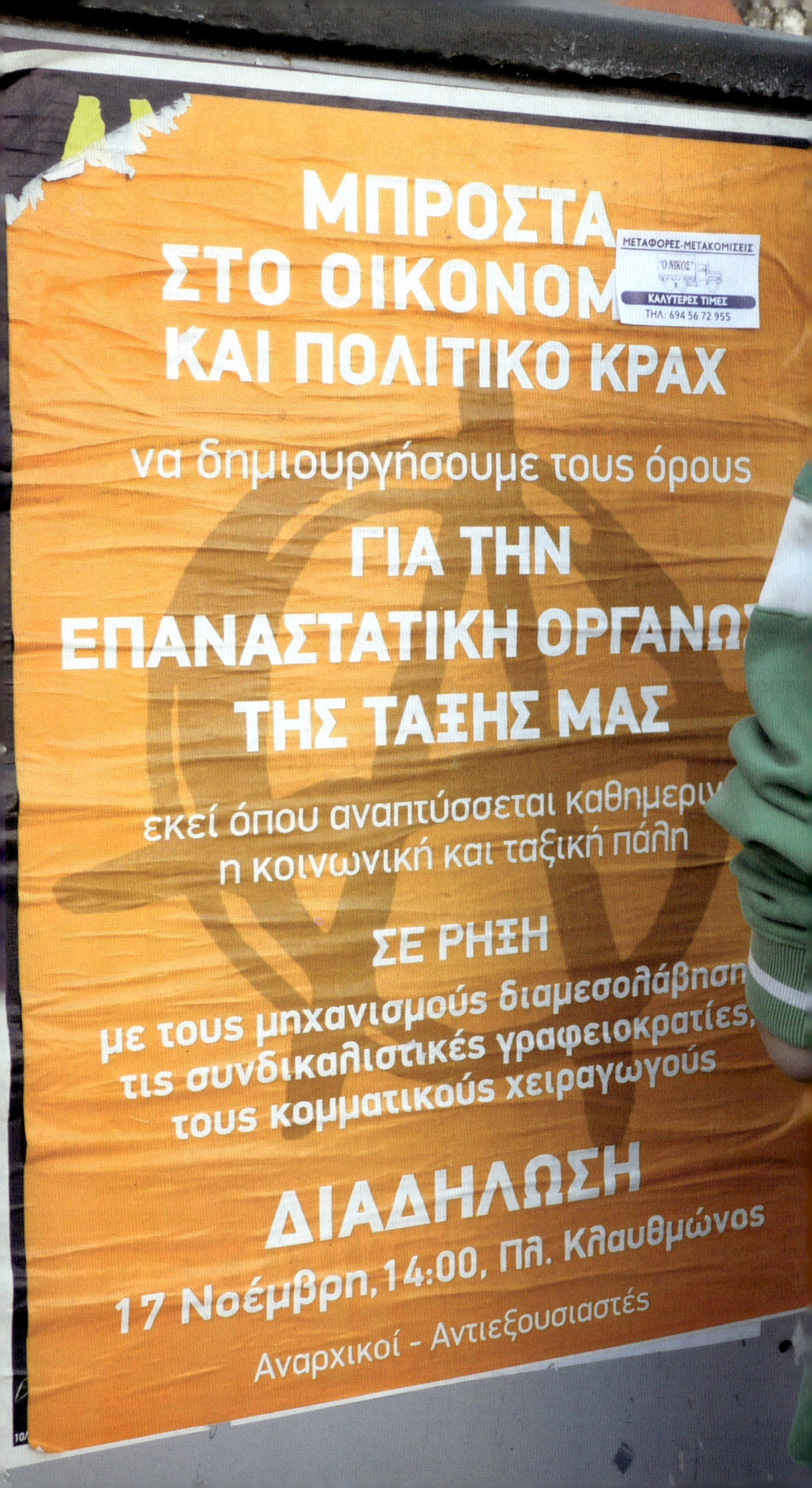
ΜΠΡΟΣΤΑ
ΣΤΟ ΟΙΚΟΝΟΜ
ΚΑΙ ΠΟΛΙΤΙΚΟ ΚΡΑΧ
ΜΕΤΑΦΟΡΕΣ-ΜΕΤΑΚΟΜΙΣΕΙΣ
"Ο ΝΙΚΟΣ"
ΚΑΛΥΤΕΡΕΣ ΤΙΜΕΣ
ΤΗΛ: 694 56 72 955
να δημιουργήσουμε τους όρους
ΓΙΑ ΤΗΝ
ΕΠΑΝΑΣΤΑΤΙΚΗ ΟΡΓΑΝΩ
ΤΗΣ ΤΑΞΗΣ ΜΑΣ
εκεί όπου αναπτύσσεται καθημεριν
η κοινωνική και ταξική πάλη
ΣΕ ΡΗΞΗ
με τους μηχανισμούς διαμεσολάβησ
τις συνδικαλιστικές γραφειοκρατίες,
τους κομματικούς χειραγωγούς
ΔΙΑΔΗΛΩΣΗ
17 Νοέμβρη, 14:00, Πλ. Κλαυθμώνος
Αναρχικοί - Αντιεξουσιαστές

[FACE AU KRACH
ÉCONOMIQUE ET POLITIQUE
ORGANISONS LA RÉVOLUTION
DE NOTRE CLASSE]

« Si la démocratie pouvait être autre chose qu'un moyen de tromper le peuple, la bourgeoisie, menacée dans ses intérêts, se préparerait à la révolte et se servirait de toute la force et de toute l'influence que lui donne la possession de la richesse, pour rappeler le gouvernement à sa fonction de gendarme à son service. »

ERRICO MALATESTA

« La Grèce a fait de moi
un homme libre et entier. »

HENRY MILLER

[RÉSISTANCE SOLIDARITÉ]

« Ce petit pays, si souvent violé,
fracassé, réduit en miettes,
n'a jamais eu de frontières
géographiques permanentes.
Ce n'était pas un État-nation
mais un état d'esprit. »

LAWRENCE DURREL

« Nous, travailleurs manuels, employés, chômeurs, intérimaires et précaires, locaux ou migrants, avons décidé d'occuper le bâtiment de la Confédération générale des travailleurs en Grèce (GSEE) :

Pour le transformer en espace de libre expression et point de rendez-vous pour les travailleurs.

Pour démasquer le rôle de la bureaucratie syndicale dans le travail de sape contre l'insurrection, mais aussi d'une manière générale.

La Confédération générale des travailleurs en Grèce (GSEE), et l'intégralité de la machinerie syndicale qui la soutient depuis des dizaines d'années, sapent les luttes, négocient notre force de travail contre des miettes, perpétuent le système d'exploitation et d'esclavage salarié.

L'attitude de la GSEE mercredi dernier parle d'elle-même : la GSEE a annulé la manifestation des grévistes pourtant programmée, se rabattant précipitamment sur un bref rassemblement sur la place Syntagma, tout en s'assurant simultanément que les participants se disperseraient très vite, de peur qu'ils ne soient infectés par le virus de l'insurrection.

Propageons l'idée de l'auto-organisation et de la solidarité sur les lieux de travail, les comités de lutte et les processus collectifs de base, abolissant les bureaucraties syndicales. »

ASSEMBLÉE GÉNÉRALE DES TRAVAILLEURS INSURGÉS OCCUPANT LES BÂTIMENTS DE LA GSEE
(communiqué du 17 décembre 2008, 18h)

[C'EST NOUS OU EUX !]

«Dressez-vous comme les lions

après le repos en une foule invincible.
Secouez vos chaînes comme la rosée

tombée sur vous pendant le sommeil.
Vous êtes une multitude et ils sont si peu !»

PERCY BYSSHE SHELLEY

« La rage contre le système, la machine,
est presque sans limite chez certains.
On ne peut qu'éprouver de la haine
envers un système politique
pareillement autiste, arrogant et corrompu.

Alors, oui, bien sûr, les destructions
qui ont suivi la mort d'Alexis
ont parfois été aveugles, et donc mal comprises
quand il s'agissait de petits commerces.
Mais, dans l'ensemble, c'est tout de même
les banques qui ont été les plus frappées.

**Les banques incarnent
le système qui nous opprime,
le grand n'importe quoi,
la religion de l'argent.
Nos jeunes ont brûlé des temples.
Des temples de l'argent-roi.
Ils ont dit : STOP ! ÇA SUFFIT !**

Beaucoup ont cru et croient encore en ce système.
Mais tout cela s'effrite, jour après jour.
Le géant capitaliste est démasqué
aux yeux de tous et vacille sur ses bases,
mais il ne tombera pas tout seul.
Tout le monde doit entrer dans la lutte,
parler, soutenir, agir...
L'heure n'est plus au repli sur soi,
mais à la solidarité avec ceux qui osent. »

TASSOS CHRISTOPOULOS

[PAS DE MAISON SANS ÉLECTRICITÉ, PAS D'HUMAIN SANS NOURRITURE]

« Or, du fond de la nuit, nous témoignons encore
De la splendeur du jour et de tous ses présents.

Si nous ne dormons pas c'est pour guetter l'aurore
Qui prouvera qu'enfin nous vivons au présent. »

ROBERT
DESNOS

« Vouloir humaniser le capitalisme, c'est vouloir mettre du rouge à lèvres à un cochon. »

FRANCK THIRIOT

[POLICE GRECQUE]

ΠΡΕΖΑ!
SPARTI
Meli
FUCK PoliCE
A.C.A.B

[SABOTAGE DE LA CROISSANCE INDUSTRIELLE]

« Une société qui abolit toute aventure fait de l'abolition de cette société la seule aventure possible. »

ERRICO MALATESTA

[JE RÊVE D'AMOUR, MAIS JE NE VOIS QUE MARCHANDISE]

« On achète tout parce qu'acheter est la seule action qui ne coûte rien. »

HAMID ZANAZ

[MAINTENANT : TOUT Á MOITIÉ PRIX !]

[PENSE À AUTRE CHOSE]

« Nous avons fait de notre corps un vaste cimetière d'anticipations et de désirs assassinés ; nous abandonnons les choses les plus importantes, les plus essentielles, comme jouer et parler avec les enfants et les animaux, avec les fleurs et les arbres, s'amuser l'un avec l'autre et être heureux, faire l'amour, profiter de la nature, des magnifiques productions de la main et de l'esprit humain, plonger doucement tout au fond de nous, parvenir à nous connaître et à connaître autrui... »

CHRONIS MISSIOS

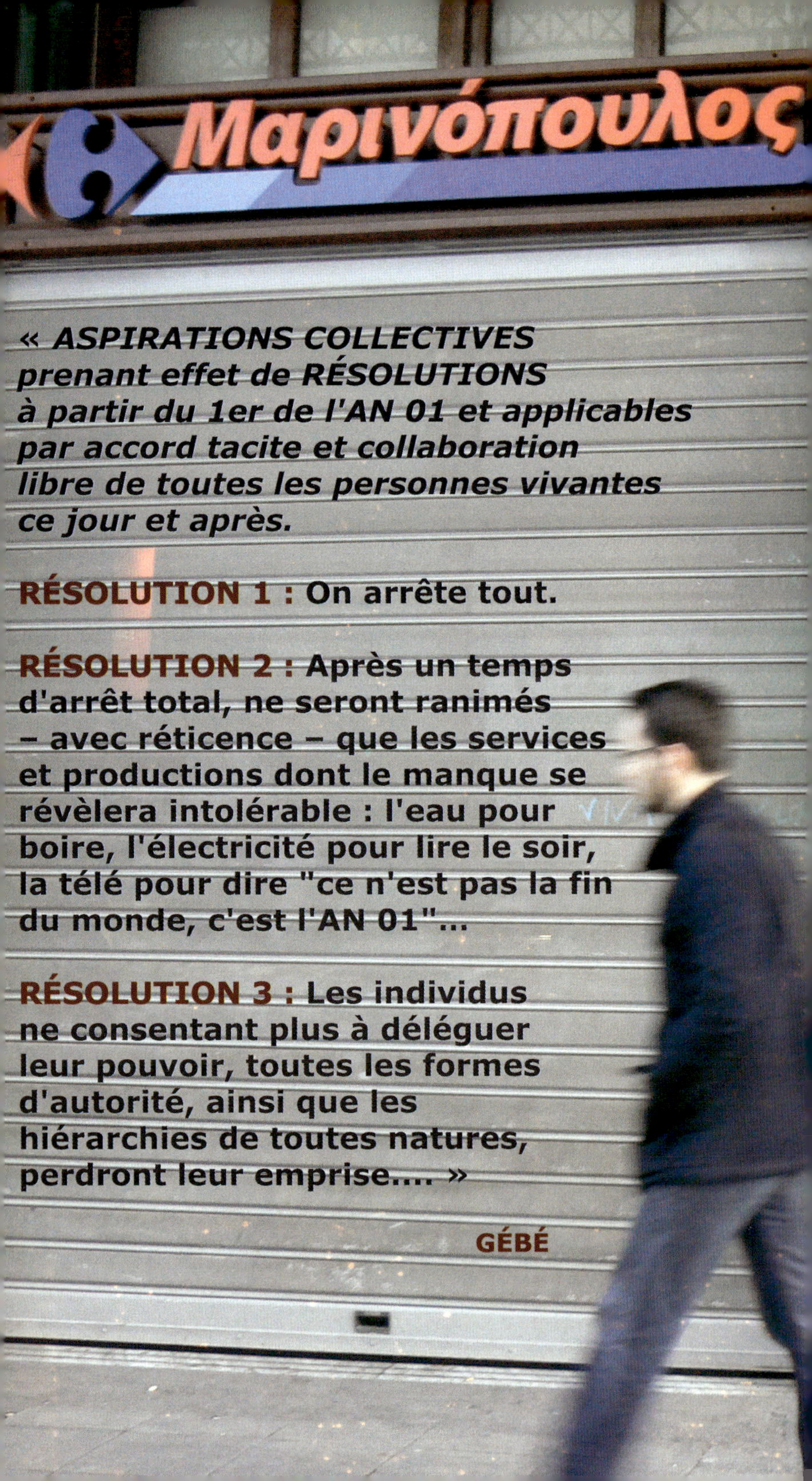

*« ASPIRATIONS COLLECTIVES
prenant effet de RÉSOLUTIONS
à partir du 1er de l'AN 01 et applicables
par accord tacite et collaboration
libre de toutes les personnes vivantes
ce jour et après.*

RÉSOLUTION 1 : On arrête tout.

RÉSOLUTION 2 : Après un temps d'arrêt total, ne seront ranimés – avec réticence – que les services et productions dont le manque se révèlera intolérable : l'eau pour boire, l'électricité pour lire le soir, la télé pour dire "ce n'est pas la fin du monde, c'est l'AN 01"...

RÉSOLUTION 3 : Les individus ne consentant plus à déléguer leur pouvoir, toutes les formes d'autorité, ainsi que les hiérarchies de toutes natures, perdront leur emprise.... »

GÉBÉ

[Expropiez ! LIBERTÉ]

**[LE SYSTÈME
DE L'ENSEIGNEMENT
EST L'ENSEIGNEMENT DU SYSTÈME]**

« Quoi d'étonnant si la prison ressemble aux usines, aux écoles, aux casernes, aux hôpitaux, qui tous ressemblent aux prisons ? »

MICHEL FOUCAULT

« Dès mon plus jeune âge, j'ai dû interrompre mon éducation pour aller à l'école. »

ROLAND LEWIN

« Notre action est une réponse
aux pressions accumulées qui ravagent nos vies,
et pas simplement un embrasement sentimental
lié au meurtre d'Alexandros Grigoropoulos
par la police grecque. Nous ne sommes
que l'un des regroupements spontanés
qui participent à la révolte sociale en cours.

**Contre la domestication par les médias,
nous, citoyens autonomes,
interrompons ici et maintenant la diffusion
de la chaîne nationale grecque (NET).**

Organisons-nous nous-mêmes.
Aucune autorité n'apportera de solution
à nos problèmes. Rassemblons-nous
et organisons nos espaces publics
– rues, places, parcs et écoles –
en zones d'expressions non médiées.
Rassemblons-nous, face-à-face, côte-à-côte,
pour former ensemble notre discours et nos actions.

Surmontons notre peur, éteignons nos télés,
sortons de nos maisons, continuons
à communiquer et prenons nos vies en main. »

MESSAGE DIFFUSÉ
DURANT L'INTERRUPTION DES PROGRAMMES
DE LA CHAÎNE NATIONALE GRECQUE NET
PAR DES PROTESTATAIRES
LE 16 DÉCEMBRE 2008 À 15H10

**« La propagande
est aux démocraties
ce que la matraque
est aux dictatures. »**

NOAM CHOMSKY

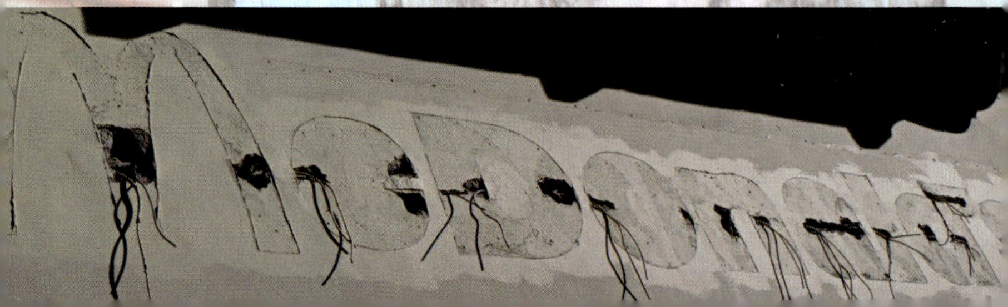

« Le spectacle est le mauvais rêve de la société moderne enchaînée, qui n'exprime finalement que son désir de dormir. Le spectacle est le gardien de ce sommeil. »

GUY DEBORD

[COCHONS, FLICS ASSASSINS]

[THÉÂTRE ATHÉNIEN]

[PAS DE PAIX
AVEC LES TYRANS]

« Un homme véritable
est celui qui résiste,
qui lutte et qui n'a pas peur
au besoin de dire NON,
même à Dieu. »

NIKOS KAZANTZAKIS

[QUICONQUE PARLE DE LA CRISE SANS METTRE AU CENTRE LA BAISSE DU TEMPS DE TRAVAIL ET LE PROLÉTARIAT A UN VER IDÉOLOGIQUE DANS LE CERVEAU]

« Le problème, c'est le peuple ! Le gouvernement n'a qu'à dissoudre le peuple et en élire un autre ! »

BERTHOLD BRECHT

[TROIS TRUANDS RÉUNIS AU GOUVERNEMENT
PASOK – DROITE – EXTRÊME-DROITE

ALLEZ ! DÉGAGEZ !

ET NOUS, ARRÊTONS DE PAYER !

DÉCEMBRE 2011]

« Il n'y a qu'une manière
de traiter avec les politiciens : la manière forte. »

BUENAVENTURA DURRUTI

[MOUVEMENT ANTIFASCISTE - PLUS JAMAIS ÇA]

« Les drapeaux, les nations, les armées, les banques font bander beaucoup de gens. Une machine révolutionnaire n'est rien si elle n'acquiert pas au moins autant de puissance de coupure et de flux que ces machines coercitives. »

GILLES DELEUZE

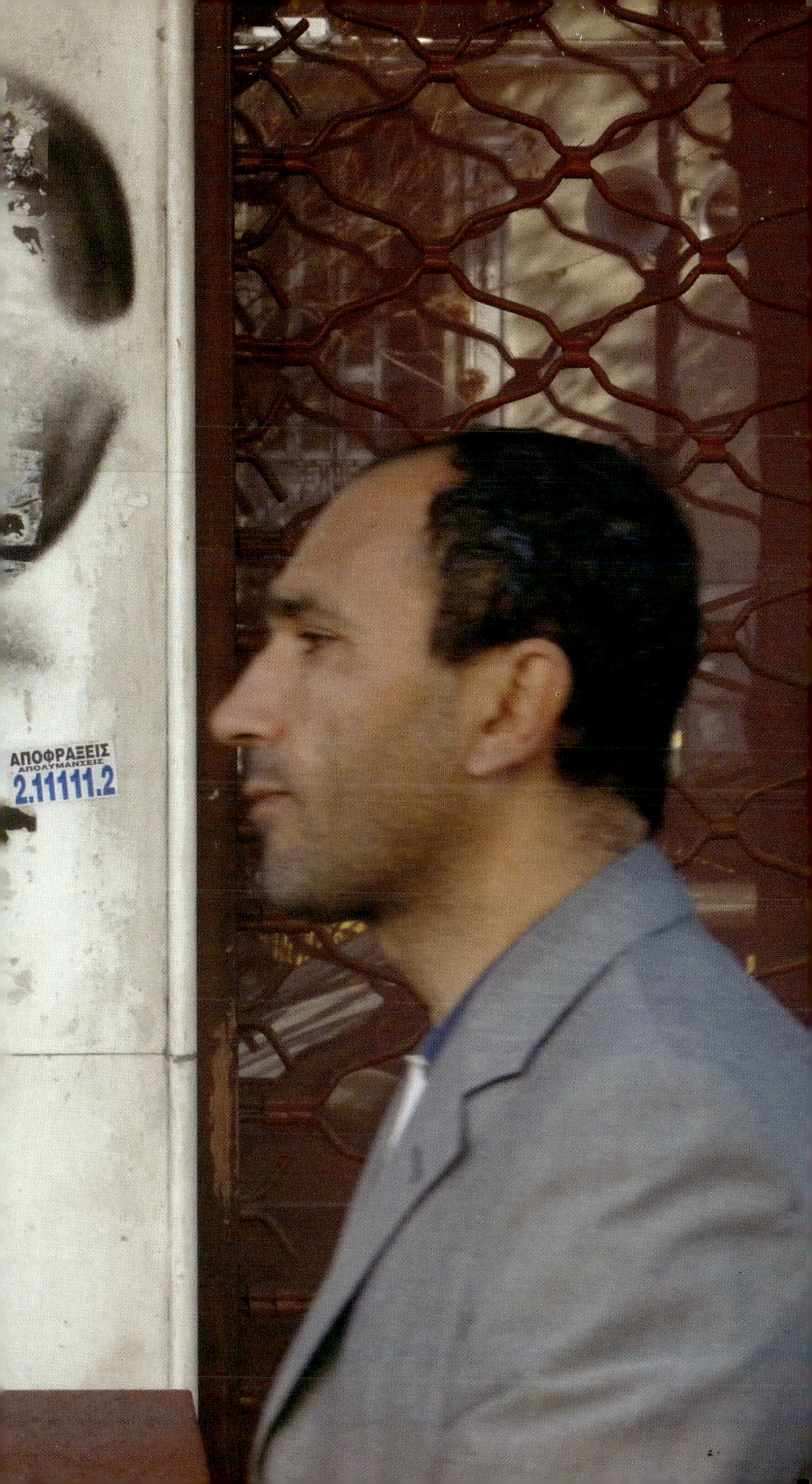
ΑΠΟΦΡΑΞΕΙΣ
ΑΠΟΛΥΜΑΝΣΕΙΣ
2.11111.2

« Il faut bien que la vérité monte des profondeurs du peuple, puisque d'en haut ne viennent que des mensonges. »

LOUISE MICHEL

« Là où le monde réel se change en simples images, les simples images deviennent des êtres réels. »

GUY DEBORD

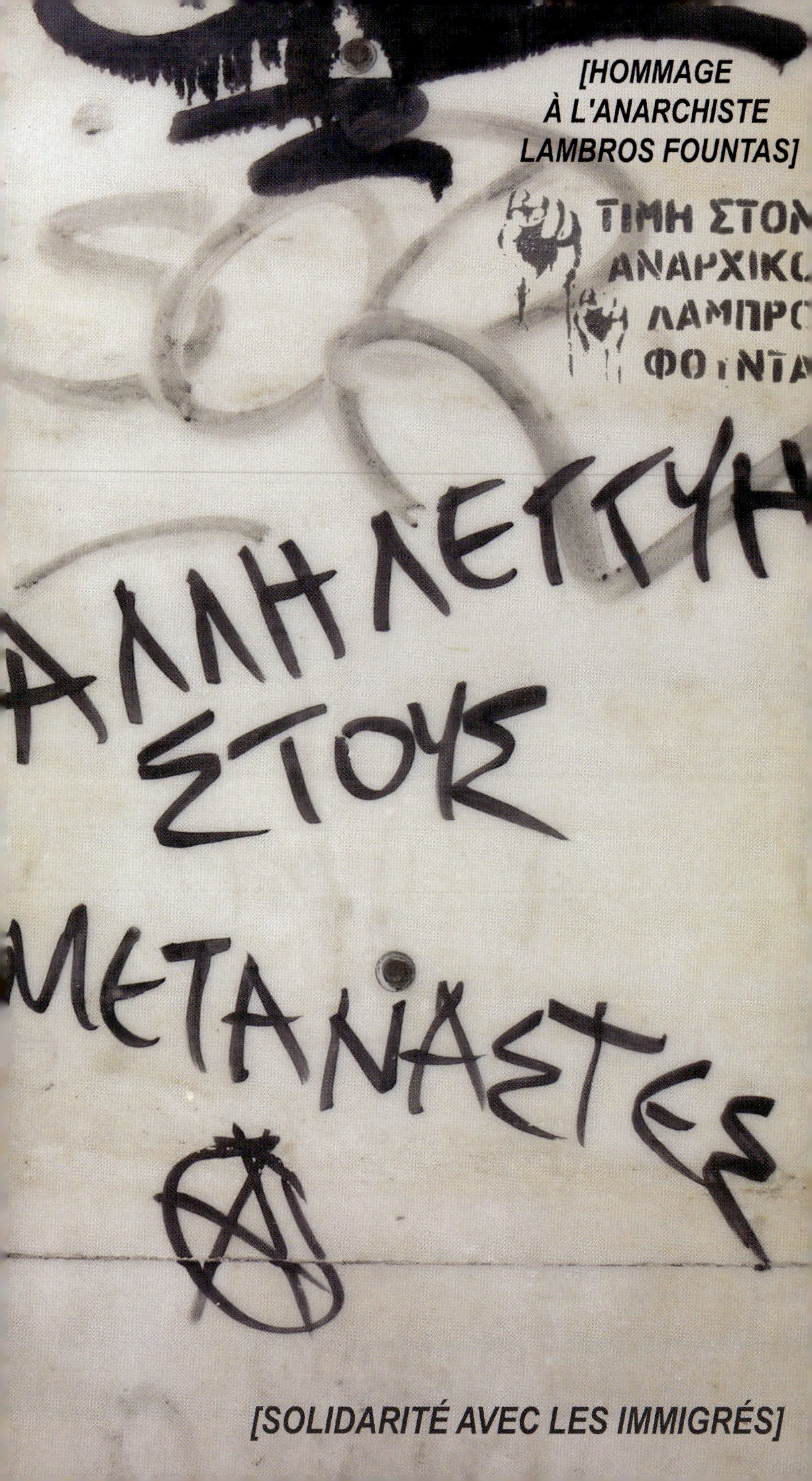

[HOMMAGE À L'ANARCHISTE LAMBROS FOUNTAS]

[SOLIDARITÉ AVEC LES IMMIGRÉS]

[LA GRÈCE ET LE QUATRIÈME REICH]

[NE VIVONS PLUS COMME DES ESCLAVES]

« Chacun de nous quitte la vie avec le sentiment qu'il vient à peine de naître. »

ÉPICURE

« Parfois les mots viennent tout seuls presque, comme les feuilles aux arbres – bien sûr, les racines, invisibles, la terre, le soleil, l'eau ont aidé à cela, et aussi les feuilles pourries du passé. »

YANNIS RITSOS

[JE VEUX VIVRE]
ΟΧΙ
[FINI LES DETTES !]

« En nos temps de décadence achevée, les temples n'ont d'imposant que cette vérité funèbre qu'ils sont déjà des ruines.»

COMITÉ INVISIBLE
L'INSURRECTION QUI VIENT

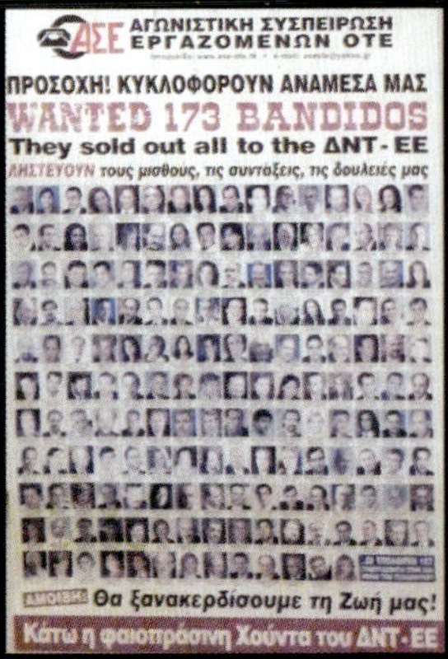

*[RECHERCHÉS :
173 PARLEMENTAIRES BANDITS
VENDUS À BRUXELLES]*

[ANARCHIE = LIBERTÉ]

« Il n'y a ni bon ni mauvais usage de la liberté d'expression, il n'en existe qu'un usage insuffisant. »

RAOUL VANEIGEM

« Si vous nous empêchez de rêver, nous vous empêcherons de dormir. »

INDIGNÉS DE MADRID, 2011

[NE DIS PAS QUE NOUS SOMMES PEU NOMBREUX]

« Les chemins du jour côtoient ceux de la nuit. »

HOMÈRE

ΣΚΟΤΩΝΟΝΤΑΙ
ΕΔΩ ΠΟΛΥΤΕΧΝΕΙΟ
ΝΕΟΛΑΙΑ ΣΥΝΑΣΠΙΣΜΟΥ
1973-2011 ΤΗΝ ΙΣΤΟΡΙΑ
ΤΗΝ ΓΡΑΦΟΥΝ ΟΙ ΑΓΩΝΕΣ
ΠΕΜΠΤΗ 27 ΟΚΤΩΒΡΙΟΥ
ΕΚΔΗΛΩΣΗ - ΣΥΖΗΤΗΣΗ
11/11

« Si vous laissez la société grecque être détruite sur l'autel de la dette et des banques, très vite viendra votre tour… Révoltez-vous ! »

MIKIS THÉODORAKIS

« Adossé à un mur athénien, un clarino noir
raconte les cendres du temps...

J'aimerais, moi aussi, avoir les doigts agiles
et les lèvres volcaniques pour me fondre
avec un instrument et interpréter
le monde en musique.

Je me ferais routard des terres et des mers,
imprévisible, incontrôlable, sans métier
mais capable de tout, affamé du jour présent,
oublieux de la veille et du lendemain,
visage buriné, mains calleuses,
regard luisant dans l'alcool et la fumée
comme un animal traqué...

Presque rien dans mon baluchon
mais moi tout entier ;
corps nerveux et esprit tranquille,
baisers bruyants et pas silencieux...

insoumis et jouisseur,
déserteur des normes,
conquérant des situations,
vivant mille ans à la dizaine !
J'aimerais, moi aussi, être grec.»

Y.Y., LES LÈVRES D'ATHÈNES

SOURCES

Jacques LACARRIÈRE *L'été grec*, 1976 et *Entretien avec J. Jaubert*, 1980
Yannis RITSOS *Parenthèses*, 1946
Léo FERRÉ *L'âge d'or*, 1966
Albert CAMUS *Camus à Combat*, 2002
Errico MALATESTA *L'Anarchie*, 1907
Henry MILLER *Le colosse de Maroussi*, 1941
Lawrence DURREL *Les îles grecques*, 1978
Percy Bysshe SHELLEY *De la nécessité de l'athéisme*, 1811
Tassos CHRISTOPOULOS *Entretien avec Y. Youlountas et S. Wexler*, *Le Monde Libertaire* du 5 février 2009
Robert DESNOS *Or du fond de la nuit*, 1942, repris dans *Robert Desnos, Destinée arbitraire*, 1975
Franck THIRIOT *L'altermondialiste*, 2011
Errico MALATESTA *L'anarchie*, 1907
Hamid ZANAZ *L'impasse islamique*, 2009
Chronis MISSIOS *Souris, mec… Qu'est-ce qu'il y a de si difficile ?*, 1988
GÉBÉ *L'An 01*, 1971
Michel FOUCAULT *Surveiller et punir*, 1975
Roland LEWIN *Sébastien Faure et la Ruche ou l'éducation libertaire*, 1989
Noam CHOMSKY *Media Control*, 1997
Guy DEBORD *La société du spectacle*, 1967
Nikos KAZANTZAKIS *Lettre au Greco*, 1955
Berthold BRECHT *Brèves*, 1940
Buenaventura DURRUTI
Gilles DELEUZE *L'anti-Œdipe*, 1972
Louise MICHEL *Prise de possession*, 1890
Guy DEBORD *La société du spectacle*, 1967
ÉPICURE *Lettre à Ménécée*, vers – 300 environ
Yannis RITSOS *Dilution* extrait de *Gestes*
COMITÉ INVISIBLE *L'insurrection qui vient*, 2007
Raoul VANEIGEM *Rien n'est sacré, tout peut se dire*, 2003
HOMÈRE *L'Odyssée, X, 86*, vers – 800 environ
Mikis THÉODORAKIS *Appel aux peuples européens*, 2011
Yannis YOULOUNTAS *Les Lèvres d'Athènes*, 2008
Nikos KAZANTZAKIS *La Grèce*, 1958

PHOTOGRAPHIES

À l'exception de celle de Sophia WEXLER (page suivante), toutes les photos ont été prises par Yannis ***entre décembre 2008 et janvier 2012***, puis mises en page avec l'aide et les conseils de Éric SIRVIN, Franck THIRIOT et Ludo GANDOLFO.

MÉTÈQUE À POIL RAS, plus connu pour ses initiales énigmatiques que pour ses rares incursions médiatiques, Yannis Youlountas est inconsolable d'être né après mai 68. Routard des terres et des mers, il scrute inlassablement l'horizon en France comme en Grèce, pour percevoir l'avenir des sociétés capitalistes mortifères et, plus précisément, les orages insurrectionnels qui tonnent ça et là, de plus en plus fort. Dans sa panoplie de station météo politique ambulante, YY dégaine son appareil photo aussi vite que sa plume, surtout quand il s'agit de soutenir les rares insurgés d'une Europe molle et neurasthénique, dont le gavage médiatique n'a d'égal que le plumage financier.

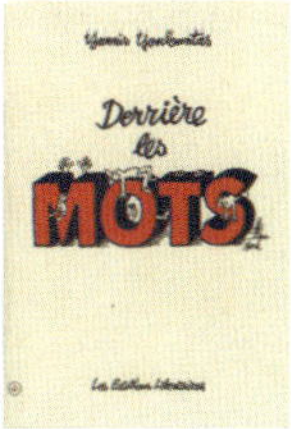

Son – autre – dernier livre : *Derrière les mots*, également aux Éditions Libertaires, dépeint avec humour et satyre la manipulation politique et commerciale. En 500 exemples frappants, il y décode et ridiculise le discours dominant et ses petites phrases toutes faites. Un livre antidote à boire entre amis avec une rincée d'Ouzo ou, seul à un guéridon guédiguianesque, avec un petit verre de Metaxas !

yannis.youlountas@gmail.com

Exarcheia 2008 (photo Sophia Wexler)

Solidarité avec le peuple grec !

GRAND MERCI (ΕΥΧΑΡΙΣΤΩ) à Franck Thiriot (pour son accueil dans la collection et son aide permanente) et Éric Sirvin (le plus incroyable des profs de Photoshop !).

Merci également à Vincent Lucas et les Facteurs d'images ; Dany Bruet et le Repaire de Marseille ; l'Équitable café ; François Pecqueur et le Point de Bascule ; Jean-Luc Albert et la Médiathèque Boris Vian de Port-de-Bouc ; Catherine Perrin et Fabienne Bourchet de la Médiathèque de Martigues ; Sandrine Figuié ; Roger Rossetti et l'Encrier indiscipliné ; Nathalie Pioch, Nicole Garrouste et Patrick Merle ; Muriel Pelca, Colette Guilhem, Tassos Tsitsivakos et Pierre-Marie Blaja du groupe Ta Limania Xena ; Benoist Rey ; Raoul Vaneigem ; Étienne Liebig ; Bernard Langlois et Politis ; Gunter Gorhan ; Éric Jousse et Netoyens ; Minga ; Thierry Ducuing ; Michel Julian ; Pascal Polisset, Michel Grossin et Noir-sur-Blanc, Sabrina Rodriguez, Betty Gris et le Salon du Livre de Gaillac ; Philippe Leroyer et le Salon du Livre de Montgiscard ; Gérard, Ludo, la Scop de l'imprimerie 34 et le Salon du Livre Anarphabète ; Claude Leguerranic et l'Altermondialiste ; Christian Demeautis, Serge Fraïz, Agapito Navarro et la LP81 ; Kathy, Maïwenn et Stéphane du Café Plum' à Lautrec, Alexia et l'équipe du Pot-Éthique à Mazamet, Françoise Lapontérique et Castres-Agora ; les amis de Philo-Bulle à Lagrave ; Jean-Fred Dumont et Erwan ; Bruce Desilve ; Stéphanie Drif ; Bernard Vidal ; Corine Cano ; Catherine Robin, Jocelyne Rivière et Isabelle Bousquet ; Jean de la Xrousse ; Émile le Tahitien ; Cyrille Masson ; Philippe Brémaud et les marmitons de Radio Albigès ; Sandrine de Radio R d'Autan ; Siné-Mensuel ; Le Monde Libertaire ; No Pasaran ; La Décroissance ; Les Z'indigné(e)s ; Le Sarkophage ; La gouttière ; Babylonia ; Exarcheia Press ; Radio Entasi ; Athens Indymedia ; Nosostros ; Dimitris et Vangelis ; Giorgos, Mimh et Kostas ; Stélios Stefanou ; Camille El Mhamdi et Alexia Fouillet ; Joanna et Serafin ; Lisa, Lucas, Ulysse et Achille ; Éric et Isa les copieurs ; Sophia Wexler ; Louise de Gerland ; Maud Youlountas ; Annick et Quentin Sirvin ; Patrice Thiriot ; Marie et Gérard Bastide ; Marie Bernar ; Carole Boutet ; Albert Champeau ; Didier Truffot ; Rachid, Momo, Warid et Hakim ; Nicole Virtue et Pierre Rouve ; Lahouaria Z ; Marie-Thérèse de la librairie Coulier-Majuscule à Castres ; Stavros Lenis de la librairie Kaufmann à Athènes ; toute la fameuse équipe de la rue Séguier ; Catherine et Bob Siné ; Tassos Christopoulos ; Bruno Essard-Budail ; et bien sûr Jean-Marc Raynaud !

NOSOTROS
FREE SOCIAL SPACE
ΘΕΜΙΣΤΟΚΛΕΟΥΣ 66 ΕΞΑΡΧΕΙΑ

PAROLES
anticléricales
LES ÉDITIONS LIBERTAIRES
collection paroles

PAROLES
ANTIMILITARISTES
COLLAGES D'ÉRIC COULAUD

PAROLES
DE MAITRES DU MONDE
D'AUJOURD'HUI

PAROLES
DE POETES REVOLTES
Dessins
Peintures
Collages
Laurent Melon
LES ÉDITIONS LIBERTAIRES
collection paroles

PAROLES
d'irréductibles
collection paroles

PAROLES
BREL FERRE BRASSENS
Laurent Melon

PAROLES
CLANDESTINES
HARPOCRATE ET ROLAND CROS
LES ÉDITIONS LIBERTAIRES
collection paroles

PAROLES
DE MURS ATHENIENS
YANNIS YOULOUNTAS
collection paroles

La bibliodiversité des éditeurs libertaires

LE CLUB DU LIVRE LIBERTAIRE

Devenez membre du Club du Livre Libertaire et bénéficiez de l'accès aux catalogues d'une trentaine d'éditeurs libertaires et à l'éclectisme de leurs collections comportant plusieurs centaines de livres neufs à prix réduit. Il suffit de souscrire une adhésion de 15 euros pour 12 mois, permettant de bénéficier d'une remise de 30 % sur l'ensemble des catalogues proposés.

ADHÉSION ET DEMANDE DE CATALOGUE :
CLL, Les Ginestes, 81350 Crespin
clubdulivrelibertaire@orange.fr
Chèque à l'ordre de CLL

LES EDITIONS LIBERTAIRES
35 allée de l'Angle, Chaucre, 17190 St-Georges d'Oléron
Tél. 05 46 76 73 10, Fax. 05 46 76 82 60,
éditionslibertaires@wanadoo.fr

Avec le concours des Éditions :
EXARCHEIA PRESS
Themistokleos 66
Exarcheia 16607 Athens
exarchiapress@yahoo.gr
www.exerchiapress.gr
(éditeur de YY en Grèce)

« Murs blancs = peuple muet »

PRINTEMPS 1968

LES EDITIONS LIBERTAIRES

collection paroles

Achevé d'imprimer
sur papier recyclé
sur les presses de la
Société Coopérative Ouvrière de Production
Imprimerie 34, à Toulouse

Dépôt légal: 1er trimestre 2012